Paris 2. 8bre 1844.

RAPPORT

À M. DE SALVANDY, MINISTRE DE L'INSTRUCTION PUBLIQUE

DU COMITÉ DES ARTS ET DES MONUMENTS,

PENDANT LA SESSION DE 1841.

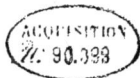

RAPPORT

A M. DE SALVANDY, MINISTRE DE L'INSTRUCTION PUBLIQUE,

SUR LES TRAVAUX

DU COMITÉ DES ARTS ET DES MONUMENTS,

PENDANT LA SESSION DE 1838.

(1)

A

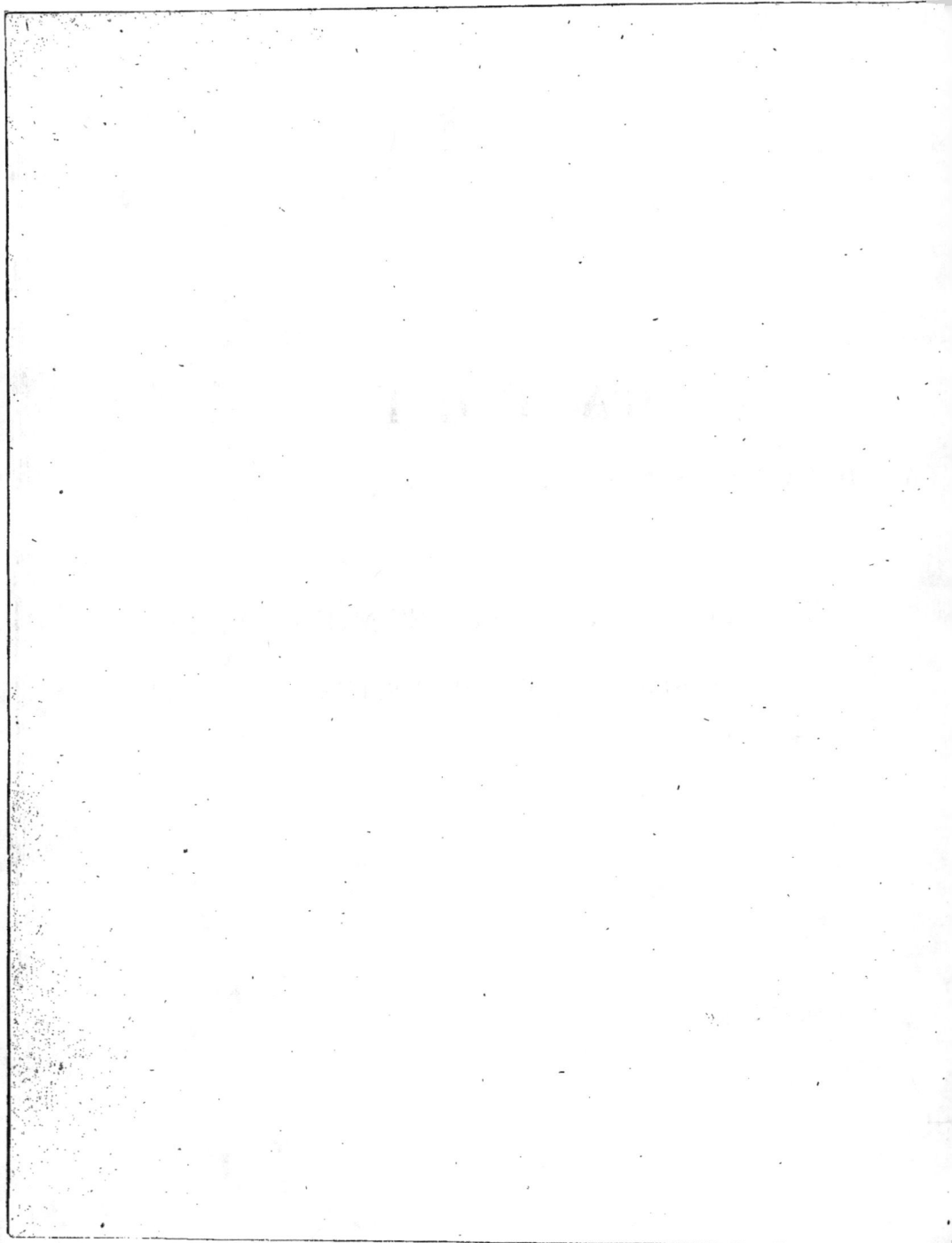

RAPPORT

SUR LES TRAVAUX

DU COMITÉ DES ARTS ET DES MONUMENTS,

PENDANT LA SESSION DE 1838.

———

Monsieur le Ministre,

Depuis son organisation, en décembre 1837, le comité historique des arts et des monuments, à la présidence duquel vous m'avez fait l'honneur de m'appeler, s'est réuni dix-huit fois, du 21 janvier au 13 juin dernier. Il entre en vacances en ce moment; et, pour clore la session de cette année, il m'a semblé utile de vous adresser un rapport sur les divers travaux accomplis, commencés ou projetés par lui.

Pour élaborer des questions importantes nées dans le sein du comité, pour examiner et mûrir toutes celles que soulevait la correspondance, pour activer tous les travaux en général, le comité, a dû se partager en plusieurs commissions, les unes permanentes, les autres temporaires, suivant que les points à discuter étaient durables ou passagers. Parmi les commissions permanentes, je noterai celle des correspondants et celle des travaux.

Dans des réunions nombreuses, la commission des correspondants a discuté plusieurs questions importantes. Le comité, adoptant sur tous les points les conclusions de la commission, a décidé que les titres les plus valables pour être nommé correspondant, et pour rendre de véritables services, étaient les connaissances archéologiques et la science du dessin tout à la fois, cette

A.

dernière avant tout. Un dessin en effet, quelque mauvais qu'il soit, en dit plus sur l'âge, le style et l'importance d'un monument d'architecture, de sculpture et de peinture, que des pages entières de description. Le comité s'attachant donc de préférence aux savants qui connaissent le dessin, vous demanda d'élever successivement le nombre de ses correspondants spéciaux à soixante-dix, disséminés dans toutes les provinces de France, et choisis parmi les directeurs de musée, les antiquaires et les architectes des départements. A l'égard des architectes, le comité a été sobre et sévère dans les nominations qu'il a soumises à votre approbation; il a craint que le titre de correspondant n'autorisât des architectes peu instruits encore, ou peu zélés pour les monuments du moyen âge, à traiter légèrement des édifices confiés à leurs soins et à leurs restaurations.

Le comité a choisi des correspondants dans cette classe de la société qui peut le plus pour la conservation des églises, ces monuments si nombreux et si importants de notre pays; il a désigné à votre nomination plusieurs ecclésiastiques connus par des travaux d'archéologie, ou réputés pour le zèle dont ils ont fait preuve à l'égard des édifices dont ils sont les usufruitiers. Ainsi, là où le comité a des correspondants du clergé, il n'y a plus à craindre désormais ni le badigeon qui salit et dénature un monument, ni la pioche qui l'entaille, ni l'ignorance qui aliène à vil prix des reliquaires, des statues, des boiseries, des vitraux précieux. M. l'abbé Fournier, curé de Saint-Nicolas de Nantes, qui est à la veille de faire bâtir une église en entier du treizième siècle, et qui coûtera plus d'un million pour les grosses constructions seulement, méritait bien, par ce fait qui ne trouve guère d'analogues que dans le moyen âge, d'être associé au comité à titre de correspondant.

Le comité attache une telle importance à compter des membres du clergé parmi ses correspondants, qu'il a fait en leur faveur une exception pour Paris. En principe, il a été décidé qu'aucun correspondant ne serait nommé à Paris, afin de ne pas ouvrir la porte à des prétentions très-diverses et très-nombreuses. Mais messieurs les curés de Paris peuvent beaucoup pour ou contre leurs églises, par l'influence indirecte qu'ils exercent sur les grosses restaurations, et directe sur les travaux d'ornementation; le comité a donc désiré se les attacher pour les seconder dans leur zèle ou les initier aux études archéologiques. Il a commencé par désigner à votre nomination, Monsieur le Ministre, M. Demerson, curé de Saint-Germain-l'Auxerrois, celui qui s'est fait le plus de réputation par l'activité qu'il déploie relativement à la restauration de Saint-Germain, et par l'intelligence qui a présidé à ses recherches scientifiques sur l'histoire de cette église.

Enfin, pour agrandir ses communications, pour vivifier ses travaux, le comité, sur la proposition de M. le comte Auguste de Bastard, a désiré se mettre en relation avec les savants étrangers. A la première séance qui suivra les vacances, il vous désignera, sur des listes qu'apporteront ses divers membres, des antiquaires italiens, allemands, anglais, espagnols, dont les lumières résoudront nécessairement plusieurs problèmes relatifs à notre art national, relatifs surtout à la peinture des manuscrits. En effet, toutes les bibliothèques de l'Europe possèdent des manuscrits français dont les miniatures peuvent combler des lacunes qui existent chez nous, ou confirmer par des doubles le style des époques plus connues. Des tableaux, des émaux, des meubles, des sceaux, des statues, venus de France en grand nombre, sont passés à l'étranger, et c'est à la bienveillance ou de leurs possesseurs ou de ceux qui les étudient sur place que le comité sera redevable de faire des travaux plus complets. Ces possesseurs et ces savants ont donc des droits à la nomination de correspondants.

Pour que le comité central qui siége à Paris fasse participer les départements au mouvement historique et archéologique si prononcé dans la capitale, il a, en vertu de votre arrêté de décembre dernier, présenté à votre nomination, comme membres non résidents, les quinze plus célèbres antiquaires de nos provinces. Ce titre, qui donne le droit de siéger, de délibérer et de voter au sein du comité, a déjà eu les plus grands avantages. C'est aux membres non résidents que le comité doit le plus grand nombre de renseignements sur l'état de nos monuments; ce sont eux surtout qui nourrissent la correspondance, qui envoient le plus de mémoires, qui offrent le plus d'ouvrages, et qui provoquent le plus vivement le zèle des jeunes antiquaires. M. de Caumont, membre non résident, a lu, dans une séance du comité, une partie de sa *Statistique monumentale du Calvados*.

La correspondance a été très-active, et tout fait croire qu'elle ne se ralentira pas à la session prochaine. C'est non-seulement un besoin, mais une mode, que l'amour des monuments du moyen âge; et, grâce à cet entraînement sérieux, notre art national est étudié et surveillé partout. De tous côtés, en effet, sont arrivés au comité des lettres et des mémoires qui signalent des découvertes intéressantes, des restaurations inintelligentes ou prématurées; qui cherchent à prévenir des destructions ou des mutilations, à empêcher des aliénations d'objets précieux; qui soumettent des projets utiles à la conservation et à l'étude des objets d'art.

Le comité se félicite à bon droit de ce concours qu'il a rencontré dans tous les départements. Il a cherché les moyens de l'exciter encore et de le récom-

B

penser autant qu'il était en lui. D'abord il a fait insérer dans les procès-ver-
baux de ses séances, pour être publiés par le *Journal général de l'instruction
publique,* des extraits nombreux de la correspondance, et les noms des correspondants à l'appui de leurs envois ou de leurs propositions. Il vous a prié
de récompenser du titre officiel de membres correspondants ceux qui mon-
traient le plus de zèle et le plus de savoir. Il se propose de recueillir dans un
ouvrage spécial les mémoires les plus intéressants; car la publicité est la récompense la plus flatteuse qu'on puisse accorder à tous ces travaux désinté-
ressés. Quelques publications archéologiques faites en province ont été
signalées à votre attention, Monsieur le Ministre, et vous avez bien voulu
déférer au vœu du comité en favorisant ces ouvrages sur les fonds d'encouragement dont votre ministère dispose.

Un genre d'encouragement qui ne sera pas moins efficace que les précé-
dents, c'est l'envoi à tous ceux qui l'auront méritée, et à qui elle profitera,
d'une partie de la collection des documents inédits sur l'histoire de France.
La distribution, selon vos sages intentions, s'en fera d'une manière intelligente. On ne donnera à un savant que la portion qui rentre spécialement dans
ses études, et non la collection entière. On pourra ainsi récompenser un plus
grand nombre de personnes, et chaque don portera ses fruits. Le comité a été
invité par vous, Monsieur le Ministre, à vous indiquer ceux des membres non
résidents et correspondants qui méritaient de recevoir, entre autres ouvrages, les
Éléments de paléographie qui viennent d'être publiés, et qui a été conçu, com-
posé, exécuté sous la direction immédiate du comité des arts et monuments.
Le comité vous a désigné d'abord tous les membres non résidents, car le comité leur a des obligations à tous pour les communications qu'il en a reçues;
puis il a choisi, parmi ses soixante et dix membres correspondants, les vingt-
deux qui étudient plus spécialement la paléographie, et qui ont le mieux
mérité du comité pour les services qu'ils lui ont rendus.

Enfin, la récompense la plus haute et la plus enviée pour un antiquaire,
met le sceau à toutes celles que je viens d'énumérer : c'est la décoration de la
Légion d'honneur. Dernièrement, sur la désignation du comité, vous avez
présenté au Roi pour cette récompense, M. de Gerville, membre non résident,
dont les travaux marqueront dans l'histoire de l'archéologie nationale. Cet
honneur insigne atteindra désormais ceux qui se distingueront par quelque
beau travail, ou même par une action éclatante en archéologie.

Voilà, Monsieur le Ministre, ce que les membres non résidents et correspondants ont fait pour le comité; voilà ce que le comité a fait et fera pour eux.
Il me reste à vous entretenir des travaux historiques du comité; car c'est pour

（ 7 ）

ce but spécial qu'il a été institué; c'est à ce dessein qu'il a consacré ses séances, et que la commission des travaux a employé ses nombreuses réunions.

La mission du comité est, en effet, de fouiller notre France monumentale; de cataloguer, décrire et dessiner tous les objets d'art disséminés sur notre sol; de dresser enfin un cadastre archéologique, assez succinct pour que les monuments de tout âge et de toute nature y soient mentionnés, assez étendu pour que chaque œuvre d'art y obtienne une place proportionnée à sa valeur esthétique ou historique.

Deux ordres de travaux doivent donc se faire sous la direction du comité: des statistiques pour tous les monuments sans exception, des monographies pour les monuments importants qui ne pourraient être développés suffisamment dans les statistiques. Le comité ne peut exécuter par lui-même toutes les statistiques, qui s'élèveront à quatre-vingt-six, si on procède par département, et à trois cent cinquante, si on procède par arrondissement, et que l'on fasse à part la statistique de plusieurs grandes villes, ce qui paraît préférable et nécessaire pour obtenir un travail complet. Le comité ne peut pas non plus se charger directement de toutes les monographies, qui monteront peut-être à trois cents, nombre égal à peu près à celui des monuments importants de notre pays, et qui paraissent mériter un travail spécial. Le temps et l'argent manqueraient pour une œuvre aussi colossale. D'un autre côté, on ne pouvait laisser s'égarer au hasard les intentions du comité, ni les abandonner aux caprices individuels de tous ceux qui voudraient se charger d'un travail historique sur les monuments. Il a donc paru indispensable d'arrêter un plan uniforme de travaux, et d'y ramener invariablement tout ce qui se ferait par la suite, au dedans comme au dehors du comité.

Deux moyens se sont présentés pour atteindre ce résultat; tous deux ont été adoptés. D'abord on offrira des monographies et des statistiques modèles auxquelles se conformeront, pour le plan scientifique comme pour l'exécution matérielle, toutes les statistiques et monographies qui se feront ultérieurement. Ensuite, on adressera des instructions à tous les correspondants, à tous les antiquaires de la France, pour indiquer le plan d'après lequel les recherches devront être faites, pour déterminer les expressions qui devront être consacrées dans la description d'un monument et les signes caractéristiques qui servent à classer les œuvres d'art et à déterminer leur âge.

Quant aux statistiques, elles seront de deux natures: celles qui renfermeront tous les monuments d'un arrondissement, et celles qui ne comprendront que les monuments d'une grande ville.

Pour modèle de la statistique d'un arrondissement, on a choisi celui de

B.

Reims , un des plus nombreux en communes, un des plus riches en monuments. Un architecte de Reims, M. Hippolyte Durand, a été chargé de tous les dessins ; l'archiviste et bibliothécaire de la même ville, M. Louis Pâris , fera l'histoire des édifices ; le secrétaire du comité , M. Didron, donnera la description de tous les monuments que feront voir la gravure et la lithographie. En ce moment, l'histoire se prépare, les dessins s'achèvent, la description est terminée et prête pour l'impression.

Comme modèle de la statistique d'une grande ville, c'est Paris, et cela devait être, qui a été préféré. Le travail a été confié à M. Albert Lenoir qui, l'hiver prochain, donnera en dessins et descriptions tous les monuments romains, mérovingiens et carlovingiens, qui ornaient autrefois la ville de Paris, et qui ont laissé des débris nombreux et imposants. Paris, qui possède des monuments de toutes les époques, depuis Jules César jusqu'à nos jours, servira de type pour ces grandes villes de France, Lyon, Rouen, Bordeaux, Strasbourg, qui, elles aussi, méritent une statistique à part.

L'échelle des statistiques a été arrêtée : c'est, pour les plans et les coupes, celle de trois millimètres pour mètre, et de six millimètres pour les élévations et les détails. Le format du papier est quart-colombier.

Le comité donnera aussi deux modèles de monographie; car, les monuments de la France étant splendides ou austères, il fallait s'attacher à un monument sévère et à un monument somptueux.

La cathédrale de Noyon, plus grave encore depuis que la révolution et les siècles ont cassé les statues de son portail et brisé ses vitraux, a été choisie comme type d'église sévère et originale tout à la fois. Par une exception rare en France, cette cathédrale est arrondie à l'extrémité de ses transseps comme à son chevet, et elle est précédée d'un porche à l'occident. M. Ramée termine en ce moment les dessins de ce curieux monument, et M. L. Vitet, membre de la chambre des députés, prépare le texte qui accompagnera ces dessins. M. Vitet se propose de comparer cette cathédrale, qui affecte la forme ronde à ses croisillons, avec les quelques églises analogues de la France et de l'Allemagne, et de généraliser ainsi un travail tout spécial.

La cathédrale de Chartres a paru le monument le plus complet et le plus riche de la France, on pourrait presque dire de l'Europe. Notre-Dame de Chartres est une cathédrale plus considérable que les autres de moitié, par sa crypte qui s'étend dans toute la longueur du monument; par les nombreuses sculptures qui décorent son portail royal et ses porches latéraux; par ses deux flèches occidentales, modèles complets de l'architecture du XIIe et du XVe siècle; par les six amorces de tours qui s'élèvent aux croisillons et à l'apside; par les délicates sculptures qui ornent la clôture du chœur; par les vitraux coloriés qui remplissent toutes les fenêtres; par une grande chapelle, on pourrait presque dire une petite église, que le xive siècle a soudée au grand édifice du xiiie.

Les dessins et le texte de cette monographie ont paru d'une trop haute importance pour être confiés à une seule personne. On a associé pour le travail graphique deux artistes : MM. Lassus, architecte, et Amaury-Duval, peintre. M. Lassus fera tous les dessins d'architecture et d'ornementation, lèvera les plans, donnera les coupes et les élévations; M. Amaury-Duval dessinera toute la statuaire. Le texte lui-même, qui accompagnera ces nombreux dessins et les expliquera, a été partagé aussi. Dans un travail littéraire sur un monument comme Notre-Dame de Chartres, il y a deux parties bien distinctes : l'histoire de ce monument, qui raconte sa fondation, ses vicissitudes, la vie des personnages qui l'ont habité, pour ainsi dire, celle des évêques qui l'ont orné, agrandi, modifié, l'histoire de tout son passé enfin; et la description qui raconte son état actuel, qui dessine par la parole toutes les pierres l'une après l'autre, toutes les statues, toutes les figures peintes à fresque ou sur verre, toutes les formes variées que la sculpture imprime aux divers métaux en leur donnant un caractère, un style qui accusent une époque, un siècle. Enfin, l'histoire d'un monument est plus différente encore de sa description, que les dessins d'architecture ne diffèrent des dessins de figures; et, puisqu'on avait deux artistes pour la partie graphique, on a été conséquent en divisant de même le travail littéraire.

C'est à vous, Monsieur le Ministre, que revient l'idée de cette division, qui profitera à l'histoire comme à l'archéologie. Ces deux sciences, en effet, pour avoir été confondues jusqu'à présent, se sont embarrassées mutuellement; tandis que dans le travail de Chartres, séparées quoique unies, elles se contrôleront et s'éclaireront l'une l'autre. Il faut espérer enfin que les anachronismes et les fausses traditions accréditées à l'égard de cette cathédrale se dissiperont devant une étude sérieuse du monument et des textes anciens qui en parlent. Vous avez bien voulu vous charger d'écrire vous-même l'histoire de Notre-Dame de Chartres, et le comité vous exprime ses remercîments pour cette part active que vous prenez à ses travaux; la monographie de cette belle église sera rehaussée par la position et le talent de son historien. Toute la description a été confiée à M. Didron qui, depuis quatre ans, fait une étude continue du monument.

Quant au travail graphique, commencé l'année dernière, il se poursuit en ce moment avec activité. M. Lassus profite des échafaudages placés pour la

c

restauration des clochers, hasard heureux qui permettra d'avoir les dimensions les plus exactes et les plus détaillées de cette partie si difficile, pour ne pas dire impossible à mesurer. M. Lassus, qui vient d'achever les dessins du vieux clocher, et qui en ce moment s'attaque au clocher neuf, se propose d'exposer au prochain salon les résultats de ses travaux. Dans ses dessins, la façade occidentale aura huit pieds de haut sur six de large; les figures de détail s'élèveront à dix-huit pouces. Jamais on n'aura dessiné un ensemble aussi vaste sur une aussi grande échelle. Cette dimension a paru nécessaire pour accentuer les caractères du monument; mais elle sera considérablement réduite par la gravure, pour entrer dans la publication.

Cette monographie de Chartres durera plusieurs années, mais elle se continuera sans interruption; car le comité lui a alloué chaque année le tiers de la somme totale dont il peut disposer pour ses travaux.

Pour les monographies comme pour les statistiques, un format uniforme a été adopté; c'est le format jésus. Mais l'échelle d'une monographie doit varier suivant l'âge et le style d'un monument; car telle échelle qui serait convenable pour un monument roman du douzième siècle, serait beaucoup trop petite pour un édifice du quatorzième et surtout du quinzième, alors que les détails sont si petits et si nombreux. Cependant, bien que l'échelle puisse être différente, elle sera pourtant une partie aliquote ou multiple de celle que l'on a prise pour unité, afin qu'à la première vue, en quelque sorte, on puisse se rendre compte des dimensions d'un édifice.

Un troisième ordre de travaux, ou plutôt une manière nouvelle d'envisager les monographies qui sont du second ordre, a paru nécessaire. Il est utile de montrer comment une statistique monumentale doit s'établir, comment doit s'exécuter un travail spécial sur un monument; mais jusqu'à présent le comité n'a encore ordonné de travaux que sur deux monuments existants, il ne fait dessiner et décrire que des édifices complétement sur pied. Cependant il n'atteindrait pas entièrement son but s'il ne songeait pas aux monuments qui ne subsistent plus qu'en partie, s'il ne montrait comment, avec des débris qui restent, on peut reconstruire un monument, le restaurer sur le papier, lui rendre son caractère primitif. M. Albert Lenoir va bientôt exécuter plusieurs de ces restaurations dans la statistique de Paris; mais il fallait encore prendre un édifice unique, dénaturé par le temps ou par les hommes, le rebâtir tel qu'il existait au moment de son achèvement et le suivre de période en période dans tout le cours des siècles qu'il aurait traversé. Le Palais-de-Justice de Paris et la Sainte-Chapelle, qui en est l'appendice, étaient merveilleusement propres à un pareil travail; car ces monuments, depuis leur origine jusqu'à nos jours, ont subi de nombreuses transformations; et, à chaque siècle, leur histoire, exposée par des dessins et racontée par un texte, aurait le plus piquant intérêt. La Sainte-Chapelle, modèle de tous les édifices qui portent ce nom; le Palais, type de toutes les habitations royales au moyen âge, sont de nature à exciter la curiosité, à satisfaire le besoin des études archéologiques, à donner une direction à ces études. Le comité a donc décidé qu'un travail historique complet sur le Palais-de-Justice et la Sainte-Chapelle serait exécuté immédiatement. M. le comte de Montalembert, pair de France et membre du comité, a bien voulu se charger de rédiger le texte; et M. Lassus, qui possède en portefeuille ou en cadres presque tout le travail graphique, a été chargé des dessins. Mais la commission des fonds est venue déclarer que la situation financière du comité ne permettait pas d'entreprendre de suite ce travail, et force a été de l'ajourner à l'année prochaine.

Tels sont les modèles que le comité est sur le point d'adresser à tous les départements. La cathédrale de Noyon en entier; le Paris romain, mérovingien et carlovingien; l'arrondissement de Reims; la première partie de la cathédrale de Chartres en dessins, et en texte la description de toute la statuaire, paraîtront l'hiver prochain. Ces travaux, disséminés avec profusion, ne peuvent manquer d'éclairer ceux qui veulent apprendre, d'échauffer ceux qui veulent faire, et de tourner à l'avantage de tous nos édifices nationaux dont ils vont montrer les types les plus beaux et les plus intéressants.

Déjà, avant l'apparition de ces travaux, une grande quantité de demandes sont parvenues au comité pour exécuter, entre autres, les statistiques du Rhône, de l'Alsace, de Maine-et-Loire, de la Charente, de l'Ain, de la Meuse, de Seine-et-Marne, de la Corse, de la ville de Lyon. Le comité ne repousse pas, mais ajourne ces demandes. Il veut, au préalable, faire une reconnaissance superficielle, mais générale, de tous les monuments de France, pour savoir quels sont les départements riches et pauvres, d'un intérêt supérieur ou médiocre. Lorsque le comité sera parfaitement éclairé sur ces points, et qu'il voudra faire exécuter une statistique, il préférera le département que les renseignements qu'il va obtenir lui signaleront comme important, soit par l'état, soit par la valeur des monuments. Un édifice qui menace ruine devra toujours être préféré à un monument solide, et cette considération sera décisive pour s'attacher à tel arrondissement plutôt qu'à tel autre.

Le comité a cru que le meilleur moyen pour procéder immédiatement et à peu de frais à cette reconnaissance monumentale de toute la France était de dresser un tableau qui comprendrait des questions très-succinctes et très-pré-

c.

cises sur les antiquités gauloises, romaines et du moyen âge. A toutes les questions posées, il n'y aura qu'à répondre *oui* ou *non*. Ce tableau sera tiré à 36,000 exemplaires, autant qu'il y a de communes en France; car il n'existe pas de commune qui n'ait ou une église ou un château, ou une maison ancienne, ou quelques débris de peinture et de sculpture. Ce questionnaire sera adressé, par l'entremise de MM. les recteurs, à tous les inspecteurs des écoles primaires que leurs fonctions obligent à parcourir toutes les communes, et que leur éducation met à même de répondre à ce genre de questions; il sera adressé, en outre, à tous les correspondants du comité, pour que les correspondants et les inspecteurs s'aident et s'éclairent réciproquement. Le tableau proposé par M. Lenormant et rédigé par M. Vitet est imprimé; il se tire d'abord à six mille exemplaires, qu'on va envoyer comme essai dans une douzaine de départements. Renvoyés au comité avec les réponses, ces tableaux apprendront ce que nous possédons de monuments, leur gisement et leur valeur. Plus tard, lorsqu'on décidera l'exécution de la statistique d'un département, on aura recours à ces renseignements, pour signaler à celui qui sera chargé du travail, les lieux où il devra s'arrêter de préférence. Puis on aura entre les mains un moyen de contrôle rigoureux pour s'assurer que le statisticien aura été partout, aura tout vu, tout étudié, tout décrit; car l'important est de ne rien oublier. Le préambule des instructions dit avec raison : «Il ne faut pas qu'il existe un seul monument, un seul fragment de ruine, sans qu'il en soit fait mention, ne fût-ce que pour constater qu'il ne mérite pas d'être étudié.»

Les modèles de statistiques et de monographies qui s'exécutent indiqueront suffisamment la marche à suivre pour tous les travaux analogues que voudraient entreprendre des antiquaires et des dessinateurs. Cependant il faut remarquer que ceux qui sont en cours d'exécution, les monographies particulièrement, ne concernent que le XIIIe siècle et que des monuments religieux; tandis que la France est riche encore en monuments religieux antérieurs et postérieurs au XIIIe siècle, en monuments militaires et civils de tous les âges. D'ailleurs, ces travaux, vu leur importance, ne profiteront guère qu'à ceux qui sauront déjà. Il y avait donc nécessité d'aviser à un travail qui mît entre les mains tous les éléments de la science archéologique. En conséquence, le comité a rédigé un manuel, ou plutôt une série de manuels qui comprendront toute l'archéologie nationale dans chacune de ses divisions : architecture, sculpture et peinture. L'architecture a été subdivisée en païenne et en chrétienne, en antérieure et en postérieure à l'établissement du christianisme en France. Tout ce qui concerne l'architecture païenne et les meubles de cette période est rédigé et imprimé; on achève de graver en ce moment les nombreux dessins qui accompagneront le texte. Toute l'architecture chrétienne antérieure au xie siècle est terminée aussi. Un demi-volume des instructions est prêt à paraître. Les séances de la prochaine session seront employées à terminer ces manuels, qui sont attendus de toutes parts avec impatience, mais qui ne pouvaient paraître plus tôt, vu l'importance que le comité y attache.

Le comité n'a pas oublié une des formes importantes de l'art chrétien, la musique; l'un de ses membres, M. Bottée de Toulmon, a rédigé des instructions à ce sujet. Les instructions s'impriment, et l'on grave des dessins qui donneront la forme des instruments de musique et les divers systèmes de notation usités au moyen âge. Il faut espérer qu'enfin vont s'éclaircir les nombreuses questions qui obscurcissent l'histoire de la musique en France, et qu'on découvrira, à l'aide de ces instructions, des manuscrits précieux pour cet objet. Déjà M. de Saulcy, membre non résident à Metz, a annoncé qu'il venait de trouver une série de cantiques dont la musique est notée.

Toutes ces instructions, rédigées par les hommes spéciaux du comité, MM. Vitet, Mérimée, Leprévost, Lenormant, Lenoir, Bottée de Toulmon, Didron, sont destinées à fixer la terminologie archéologique si vague, si flottante jusqu'à présent, et à faire de l'archéologie une science rigoureuse.

Le comité ne s'est pas contenté de ces instructions écrites, il a voulu donner à l'enseignement archéologique une forme plus vive, plus populaire, plus accommodée à des développements étendus; il vous a demandé, Monsieur le Ministre, d'accorder un local à deux de ses membres, MM. Albert Lenoir et Didron, pour y faire des cours d'archéologie nationale. Ces deux cours, l'un sur l'architecture, l'autre sur la sculpture et la peinture, étaient en pleine activité à la Bibliothèque royale, il y a quelques jours à peine. Ils ont été suivis, on pourrait même dire courus, par de nombreux auditeurs qui, jeunes en grande partie, ont pris des notes avec le plus grand soin. Le comité vous remercie, Monsieur le Ministre, d'avoir accueilli avec autant d'empressement la proposition qu'il vous a faite d'ouvrir ces cours; et il espère que le succès obtenu, cette année, se confirmera et s'étendra dans les années suivantes. Les deux jeunes professeurs ont à peine ouvert la mine; il leur faut plusieurs années encore pour la creuser à fond; et, des prolégomènes, passer au cœur de leurs études. Les deux cours vont se publier et tiendront lieu des traités qui manquent sur l'archéologie nationale. Cette instruction, que le comité met si généreusement à la disposition des hommes studieux et zélés, profitera à la science et à la conservation des monuments.

Il faut espérer que cet exemple donné à Paris d'un enseignement sur les antiquités de notre pays aura du retentissement dans les provinces. Déjà, en effet, le séminaire de Troyes a décidé qu'une chaire d'archéologie chrétienne serait créée à côté des chaires de théologie, pour que dans les unes on étudiât la religion chrétienne par les monuments écrits, et par les monuments bâtis, peints ou sculptés, dans l'autre. Par l'organe de M. le comte de Montalembert, membre du comité, le séminaire de Troyes vous a demandé pour cette chaire des encouragements que certainement vous vous empresserez d'accorder. Dans quelques années, il n'y aura pas un séminaire en France qui ne possède un cours d'archéologie nationale, il n'y aura pas un prêtre qui ne soit le tuteur éclairé de son église. C'est au comité des arts que reviendra l'initiative de cette impulsion.

Ainsi, modèles de statistiques monumentales et de monographies, publications de manuels et de leçons sur toutes les branches de l'archéologie nationale, tels sont les éléments variés d'instruction archéologique que le comité distribue dans toute la France et qu'il donne à Paris comme aux villes les plus reculées et les moins importantes. Mais, de plus, et sur la demande du comité, vous avez établi au chef-lieu de votre ministère des archives archéologiques où sont déposés toutes les minutes des dessins, et les dessins originaux eux-mêmes, tous les manuscrits des voyageurs et des littérateurs chargés par vous d'explorer, de dessiner et de décrire quelque coin monumental de la France. Les archives qui commencent à se meubler pourront, l'année prochaine, être accessibles tous les jours et à tout le monde. Complétées par la bibliothèque archéologique, qui se compose des publications faites par votre ministère, des ouvrages adressés par les antiquaires et les sociétés savantes de la France et de l'étranger, et enfin des ouvrages obtenus par des achats ou par des souscriptions que vous recommande le comité, les archives seront en peu d'années le plus vaste et le plus utile dépôt archéologique qui ait encore été formé.

Voilà certainement des résultats obtenus déjà, et d'autres qui s'annoncent en assez grand nombre, tous favorables aux études historiques, tous provoquant des travaux d'érudition et d'art sur nos monuments nationaux. Mais à quoi bon tout ce zèle, si, pendant que le comité cherche à entourer de respect nos monuments, à les faire étudier et disséquer, en quelque sorte, on mutile ces monuments, on les dégrade, on les détruit! Le dédain qui regarde en pitié les monuments appelés gothiques, et ne considère que les monuments païens; la cupidité qui spécule sur des matériaux abondants et de bonne qualité; l'ignorance et le mauvais goût qui sont hors d'état d'apprécier une œuvre d'art; la mode qui ne trouve beau que ce qui est blanc et uni; le temps qui achève de miner des monuments âgés ou fragiles, sont autant de causes qui rasent du sol ou altèrent dans leur qualité une foule de monuments importants. Paris, la ville la plus éclairée et la plus intelligente, a fait démolir ou laisser ruiner depuis six ans quatre églises intéressantes à plus d'un titre : Saint-Pierre-aux- Bœufs, Saint-Côme, Saint-Benoît et l'église du collége de Cluny. Or, Paris donne le ton à toute la France; aussi ne se passe-t-il pas un mois, on pourrait dire une semaine, sans que l'on n'entende tomber, sans que l'on ne voie muti- ler quelque vieux monument. On menace à Orléans le seul pan de muraille qui ait vu les exploits de Jeanne-d'Arc; on badigeonne à l'huile le chœur de la cathédrale de Senlis, en attendant qu'on badigeonne la nef entière; on em- pâte de peinture et on cache sous le stuc deux chapelles de Saint-Germain- des-Prés, en attendant qu'on ait assez d'argent pour habiller ainsi l'église entière; on déguise sous des couleurs vert-pomme et bleu pâle détrempées dans l'huile, l'église Saint-Laurent de Paris, et l'on en transforme en ce mo- ment les chapelles en armoires. Avec la bonne intention de faire reparaître des peintures anciennes, on écaille la couleur qui vivifiait les statues dont est décorée la clôture du chœur de Notre-Dame de Paris; il faudrait éponger au lieu de râper; il faudrait surtout faire surveiller le travail. Enfin l'on badi- geonne et l'on gratte tout à la fois la grande église de Saint-Sulpice, qu'une vieille teinte grise commençait déjà à rendre respectable.

La liste des actes accomplis ou médités depuis quelques années seulement contre nos monuments, serait énorme; et, à supposer que cette énergie de des- truction ou de dégradation ne se ralentisse pas, on peut affirmer que d'ici à vingt ans la France ne possédera plus un seul monument historique. L'in- fluence morale que le comité acquiert de jour en jour ne serait pas suffisante sans des démarches actives de votre part; car l'ardeur de destruction est beau- coup plus puissante que l'esprit de conservation.

Un des membres du comité, M. Léon de Laborde, a proposé de sceller sur tous les monuments de France, au lieu le plus apparent, une inscription en métal qui dirait l'âge du monument, sa valeur esthétique, son intérêt histo- rique; qui relaterait tous les faits intéressants accomplis autour ou au dedans de l'édifice. On aurait ainsi un immense musée monumental classé, annoté, utile aux voyageurs et aux antiquaires. Une pareille mesure appellerait l'at- tention et la piété des populations sur leurs édifices. M. le ministre de l'inté- rieur, auquel vous avez soumis cette proposition, a promis de faire un essai et de faire encastrer plusieurs de ces plaques de métal dans quelques-uns de nos plus curieux édifices.

Voilà un moyen efficace, bien qu'indirect, de sauver nos édifices; mais le co-

mité a dû aviser à des mesures plus directes, afin de conserver immédiatement.
Ainsi, par l'entremise de M. le garde des sceaux, il a arrêté le badigeonnage
commencé à la cathédrale de Lyon; par M. le ministre de la guerre, et sur
la proposition de M. du Sommerard, il a protégé des peintures murales qui
ornent le dortoir de Saint-Jean-des-Vignes à Soissons; il a sauvé des débris
précieux qui subsistent dans cette même abbaye; car une construction militaire
projetée devait endommager les cloîtres, et vous avez obtenu que cette construction serait établie ailleurs où elle ne pourrait nuire.

On devait détruire la grille actuelle de la place Royale : des négociations
se sont entamées pour son maintien et sa restauration. Cette grille n'est pas
un chef-d'œuvre d'art, on le sait bien; mais c'est le plus complet et le plus
considérable modèle qui soit à Paris de la serrurerie du dix - septième
siècle. Elle a été témoin des plus grands événements du règne de Louis XIV;
et les monuments, quels qu'ils soient, qui rappellent les souvenirs de cette
époque, ne sauraient être indifférents à la France. L'art, l'histoire, les intérêts
mêmes de la ville de Paris sont engagés au maintien de la grille ancienne;
car une nouvelle grille qu'on voudrait lui substituer coûtera beaucoup plus
cher que la restauration de la vieille, durera moins, sera d'un fer de qualité
inférieure, sera moins élevée d'après le projet adopté, sera d'une forme différente, en désaccord avec le plan de la place et les maisons qui l'encadrent,
n'aura aucun caractère historique, et offrira un mélange disgracieux de toutes
les variétés de styles. M. le préfet de la Seine est entré pleinement dans les
raisons apportées par le comité, et a montré le plus vif désir de sauver la
vieille grille.

Quant à la grille nouvelle qui a été commandée, qui est presque terminée, elle
ne saurait rendre plus de services qu'à protéger la cathédrale de Paris. Ce monument chrétien, un des plus beaux de la France, est cependant le plus abandonné:
pourquoi ne pas en séparer les abords comme on a séparé ceux de la Madeleine
et du Panthéon, dont les murs libres n'ont cependant rien à craindre? On souille
le pied de Notre-Dame d'une manière révoltante. C'est un opprobre, en vérité,
que la cathédrale de Paris soit une borne à immondices. Et non-seulement on
profane Notre-Dame, mais on la mutile tous les jours et à toutes les hauteurs.
La curieuse inscription, presque unique en son genre, qui déclare en caractères de l'époque que le portail du midi a été commencé en 1259, du vivant
de maître Jean, tailleur de pierres, perd de jour en jour quelques-unes de
ces lettres que cassent les enfants. Les statues et statuettes qui décorent les
portails sont mutilées; car les enfants tirent aux statues en tirant aux hiron-
delles, avec des pierres qu'on semble avoir charriées sur le flanc méridional de

l'église exprès pour servir de projectiles à leur portée. Il y a dix-huit mois environ, l'un de ces bas-reliefs encastrés dans les murs du nord, qui racontent la vie légendaire de la Vierge, a été mutilé; c'est celui qui représente le couronnement de Marie par Jésus-Christ. La tête du Christ a été cassée, volée et vendue; c'est par hasard qu'on l'a retrouvée. Mais, il y a trois mois environ, on est revenu à la charge; on a cassé la tête de la Vierge, une des plus belles que le quatorzième siècle ait sculptées; elle a été volée, et il est bien à craindre qu'on ne la retrouve jamais. La cassure, fraîche encore, dénote une main exercée à de pareilles exécutions : d'un seul coup de marteau, la tête a sauté tout entière. Dans ces derniers temps, depuis que l'archevêché démoli ne protége plus le portail du sud, cette partie du monument a plus souffert que durant les cinq cents années qui ont précédé 1831. Or, il est urgent d'aviser contre de pareils actes; et il faut espérer que la grille exécutée pour la place Royale recevra une destination plus utile en entourant Notre-Dame. Le conseil municipal de la ville de Paris se montrerait en cette circonstance un digne appréciateur des monuments qui sont placés sous sa tutelle; car tout à la fois il conserverait un curieux monument de serrurerie et protégerait l'édifice dont l'architecture et la sculpture font la gloire de Paris. C'est à M. Victor Hugo, membre du comité, qu'on devra ces résultats; car c'est lui qui a réclamé contre la destruction de la grille de la place Royale et pour la pose d'une grille autour de Notre-Dame.

Du reste, le comité est secondé dans sa sollicitude pour la conservation des monuments, par une correspondance active qu'il entretient à Paris, et dans les départements. M. de la Saussaye, de Blois, membre non résident, a réclamé l'appui du comité auprès de M. le ministre de l'intérieur, pour sauver de la destruction une fontaine de la renaissance et des stalles en bois du quinzième siècle, qui décoraient autrefois la Trinité de Vendôme, et qui étaient perdues dans une pauvre église de village; les négociations ont eu un plein succès. M. Paul Durand, antiquaire de Paris, a informé le comité que la ville d'Amiens faisait restaurer la clôture du chœur de la cathédrale. Cette clôture, qui date de la fin du quinzième siècle, qui est ornée de statuettes nombreuses peintes et dorées, est une des plus intéressantes de France. Sur la nouvelle de la restauration, les membres du comité se sont transportés en masse et à leurs frais à Amiens, pour constater l'esprit des travaux. On a reconnu que la restauration se faisait avec intelligence, et l'on a donné d'utiles conseils aux artistes chargés du travail.

M. Piel, architecte à Paris, a adressé au comité de nombreuses observations relatives à Notre-Dame de Paris. Le comité vous a prié, Monsieur le Ministre, d'envoyer copie de la lettre de M. Piel à M. le préfet de la Seine, à M. le préfet de police et à M. le garde des sceaux, pour que les trois autorités, chacune dans la limite de ses attributions, veillent à ce que les statues ne soient point mutilées par les enfants ou les employés des pompes funèbres, ni les murs souillés, ni l'église enterrée par les voyers qui font décharger des tombereaux d'immondices sur le flanc méridional. Il ne faut pas non plus que l'intérieur soit gâté par des architectes qui construisent des chapelles et des tombeaux d'un style équivoque, et qui font nettoyer la clôture du chœur, non pas en lavant le badigeon, ce qui serait convenable, très-simple, très-facile, mais en grattant la pierre sculptée avec un fer sec, une râpe, et en écorchant la statuaire au vif.

Malgré le zèle des correspondants, malgré l'ardeur du comité lui-même à réclamer en faveur des monuments menacés par les hommes ou ruinés par le temps, beaucoup d'objets d'art périssent, beaucoup d'édifices s'écroulent; et, comme il n'existe pas de local destiné à en recueillir les débris, on perd jusqu'à la trace des monuments les plus intéressants. Depuis la destruction du musée des Petits-Augustins, l'archéologie nationale a fait des pertes irréparables en ce genre. Dernièrement, lors de la restauration faite à l'église de Saint-Denis, lors des mutilations exercées contre l'église de Saint-Benoît, lors de la démolition des églises Saint-Côme et de Cluny, on a été forcé de jeter aux gravois des bases et des chapiteaux de colonnes, des pierres tumulaires ciselées, des frises et des gargouilles sculptées, parce que les musées royaux qui sont consacrés aux antiquités païennes, ne peuvent et ne veulent recevoir les antiquités nationales. Un tel état de choses ne saurait durer plus longtemps sans le plus grave détriment pour l'histoire; car il n'y a pas d'études archéologiques possibles sans les monuments, et les monuments deviennent rares de jour en jour.

Frappé de ces dommages causés à l'art et aux études historiques, le comité, sur la proposition de M. le baron Taylor, a prié M. le ministre de l'intérieur d'accorder un local où se déposeraient provisoirement les objets d'art disséminés en mille endroits, et que l'on pourrait recueillir. Plus tard, on sentira la nécessité de faire une galerie des fragments que l'on amassera petit à petit et à peu de frais, et nous aurons ainsi un musée d'antiquités chrétiennes à opposer avec orgueil aux musées d'antiquités païennes. Dans ce musée, à côté des morceaux originaux, on pourrait placer, comme on a fait au Louvre pour les monuments grecs et romains, les plâtres des plus belles œuvres d'art, statues et bas-reliefs qui décorent nos édifices du moyen âge. Plusieurs villes de provinces possèdent déjà un musée chrétien; il ne faut pas que Paris reste en arrière de Dijon, d'Orléans, du Puy, du Mans ou de Carcassonne. M. le ministre de l'intérieur a accueilli avec empressement la proposition du comité, et a promis formellement de consacrer l'église de Saint-Martin-des-Champs, dépendante aujourd'hui du Conservatoire des arts et métiers, à recevoir les fragments d'architecture et de sculpture chrétiennes qu'on pourra recueillir à Paris et dans les départements. Cette église, qui, avec Saint-Germain-des-Prés, est la plus vieille de Paris, en est la plus curieuse pour l'originalité de sa construction et de son ornementation; elle est admirablement propre à sa nouvelle destination : l'écrin vaudra les objets précieux qu'on y renfermera. M. le ministre de l'intérieur a promis de faire restaurer, pour le but demandé, cette église qu'on menaçait de laisser tomber de vétusté, ou qu'on s'apprêtait même à démolir pour faire de la place à une mairie. Le comité regarde ce résultat comme un des plus importants qu'il ait encore obtenus, et ne saurait remercier trop vivement M. le ministre de l'intérieur.

Ainsi, en restant dans la limite de ses attributions, en s'en référant dans toutes les circonstances aux autorités compétentes : tantôt à l'intérieur, tantôt à la guerre, tantôt aux cultes, tantôt à l'autorité ecclésiastique, tantôt à l'administration municipale, le comité a fait beaucoup pour la conservation des monuments. Cependant il n'en a que la conservation morale, il sait que la conservation officielle et directe relève du ministère de l'intérieur; c'est à l'intérieur aussi qu'il a renvoyé la partie de sa correspondance qui regardait la conservation des monuments, et toujours l'intérieur s'est empressé de déférer à ses avis. Le comité espère donc que cette harmonie qui existe entre lui et les diverses administrations du pays sauvera de la ruine les monuments les plus menacés et les plus intéressants.

Mais quand un monument s'écroulera de lui-même, comme il vient d'arriver à Saint-Sauveur de Nevers, le comité n'aura plus qu'une ressource, et il en usera sur-le-champ : ce sera d'envoyer un architecte dessinateur sur le lieu du désastre, et de le charger de recueillir ou de faire conserver dans un musée tous les débris précieux qui ne seront pas broyés; de dessiner, sur la foi des traditions, sur l'inspection des gravures anciennes et l'examen de la localité, un plan, des coupes, des élévations, des détails; de constater, dans un rapport circonstancié, la cause de l'accident, afin de prévenir la chute des monuments qui pourraient menacer ruine pour la même cause. Le dessinateur reviendra à Paris avec les débris, qu'on placera au musée, avec les dessins, qu'on gravera, avec le rapport, qu'on publiera. Du monument ruiné on conservera au moins le portrait et quelques fragments. C'est précisément ce que le comité a donné mission de faire pour Saint-Sauveur, à M. Robelin, architecte, membre non résident, et chargé de travaux importants à la cathédrale de Nevers, son pays.

Mais le comité, Monsieur le Ministre, ne prend pas seulement les intérêts de l'art du passé, de l'art qui est du domaine de l'histoire; il se préoccupe encore vivement de l'art actuel et de l'art de l'avenir, surtout de l'entretien et de l'ornementation des édifices anciens. Un des membres du comité, M. le baron Taylor, désirerait qu'on revînt sur la loi qui empêche d'enterrer dans les églises. Le motif de salubrité publique n'est peut-être pas aussi fondé qu'on le croit: car les sépultures en plein air et hors des villes n'arrêtent pas une épidémie; tandis que l'Angleterre et la Hollande, qui enterrent dans l'intérieur des églises, ont moins souffert que la France qui recule ses cimetières loin des habitations. Il y aurait des expériences à faire; il faudrait constater si les exhalaisons émanées d'un corps mort sont réellement délétères. Cette loi a été fâcheuse pour l'archéologie, car elle a causé la ruine d'une grande quantité d'objets d'art: des dalles tumulaires, des statues, des monuments funéraires en grand nombre et de haute importance, ont, sous divers prétextes, disparu des édifices religieux dont ils faisaient l'ornement le plus grave, le plus moral, le plus historique, le plus opulent.

Aujourd'hui, qu'on a dépouillé les édifices religieux et qu'on empêche d'y enterrer, nos églises sont appauvries à faire peine. Cependant le Gouvernement n'est pas assez riche pour leur rendre leur ancien éclat; il faut donc laisser au peuple lui-même le soin d'enrichir ses temples. On arriverait immédiatement à ce résultat en donnant par une loi la liberté à chacun de se faire enterrer, même dans l'intérieur des églises, à la condition toutefois de s'y faire ériger un monument, et surtout de se faire embaumer, pour que, dans le doute où la science est encore aujourd'hui, la santé publique ne pût souffrir aucune atteinte. Une foule de familles préféreraient un tombeau dans une église, où la statuaire serait à l'abri de notre climat destructeur, à un tombeau dans un cimetière, où, en peu de temps, le bronze et le marbre sont rongés par les intempéries. Bientôt les églises se rempliraient de statues et de tableaux. Les fabriques, qui sont à l'aumône aujourd'hui, s'enrichiraient en concédant à temps ou à perpétuité, des places enviées dans les chapelles et dans les nefs; et le produit de ces concessions profiterait à l'entretien des édifices et à l'achat de riches ornements. Les statuaires, les peintres, les ornemanistes trouveraient un nouvel aliment à leur talent; et l'art, qui languit, pourrait se raviver pour longtemps. Enfin, les magnifiques tombeaux qui décorent les églises de Brou, de Rouen, de Nantes, de Tours, de Reims, et le musée de Dijon, sont des gloires du passé de la France; et cette gloire, nous ne devons renoncer ni à l'accroître ni à la compléter dans l'avenir. Du reste, des règlements sévères devraient aviser à la qualité des œuvres d'art qu'on voudrait placer dans les églises, et déterminer par avance, au moyen d'un plan d'alignement, pour ainsi dire, le lieu que devraient occuper une statue, un tableau, un tombeau.

Cette proposition a été accueillie avec la plus grande faveur; le comité ne doute pas que le temps ne la mûrisse et ne finisse par l'élever en projet de loi à discuter par les Chambres.

A cette ardeur désintéressée pour les objets de l'art sous toutes ses faces et dans toutes ses époques, le comité doit, en grande partie, l'influence qu'il exerce sur les artistes qui reproduisent par le crayon ou la plume, par le dessin ou la description, les monuments du moyen âge. Le comité a donné son avis motivé sur des dessins originaux et des manuscrits qu'on a soumis à son approbation. Il a encouragé ceux qui faisaient bien, il a conseillé pour qu'on fît mieux encore; il a dirigé les artistes ou les écrivains qui n'étaient pas assez sûrs d'eux-mêmes; il a constamment déclaré que les dessins cotés et profilés en architecture, que les textes appuyés de citations en littérature archéologique, que l'exclusion du pittoresque et de l'à-peu-près en toutes choses, étaient le but à atteindre pour produire des œuvres utiles et durables. Il a donné des instructions verbales et écrites à des jeunes gens qui viennent de partir à leurs frais pour faire des explorations archéologiques, l'un en Bourgogne, un autre à Lyon, un troisième en Provence, un quatrième en Alsace, et qui rapporteront dans quelques mois le fruit de leurs travaux.

Tel est, Monsieur le Ministre, l'exposé des principaux résultats obtenus par le comité; tel est le compte rendu des travaux de cette année. Le comité, depuis sa fondation par votre illustre prédécesseur, depuis son organisation par vous, a été constamment en voie de progrès.

Je suis fier d'avoir été appelé par vous à diriger les travaux du comité, et je dois de vifs remercîments à tous ses membres pour le concours fervent qu'ils m'ont prêté dans toutes les circonstances où j'en ai eu besoin. Nos fonctions sont complétement gratuites, et cependant, toutes les fois que les intérêts de l'art ou des travaux historiques ont réclamé la présence des membres du comité, pas un seul n'a fait défaut.

Veuillez agréer, Monsieur le Ministre, l'assurance de ma haute considération.

GASPARIN,
Pair de France, président du comité des arts et des monuments.

DIDRON, *Secrétaire.*

IMPRIMERIE ROYALE — Février 1839.